CONSTITUTIONS

DE la R.·. L.·. N° 87,

SOUS LE TITRE DISTINCTIF

DES FRÈRES RÉUNIS

DE

L'ANCIENNE MAÇONNERIE D'YORK,

A L'OR.·. DU CAP-FRANÇAIS.

AU CAP-FRANÇAIS,

Chez P. ROUX, imprimeur du Gouvernement.

A LA GLOIRE
DU GRAND ARCHITECTE
DE L'UNIVERS.

Sous les auspices du T.·. I.·. et P.·. F.·. Jonatham Bayard SMITH, grand maître de toutes les Loges régulières de l'Amérique septentrionale.

AMOUR, VERTU, SILENCE.

La Loge les FRÈRES REUNIS, N° 87, sous le rite ancien,

A la R.·. L.·.

V.·. M.·.
F.·. P.·. S.·., F.·. S.·. S.·., OO.·. DD.·., M.·. en TT.·. G.·., M.·., C.·., A.·., et Aff.·. de la R.·. L.·. de

Les Maçons répandus sur la surface de la terre, composent une famille immense dont les Membres épars et séparés, sont toujours unis par la droiture de leurs intentions et la charité fraternelle ; ils se prouvent mutuellement ces sentimens quand ils se rencontrent dans quelque partie du monde ; *la différence des Religions, des Gouvernemens et du Rite maçonnique sous lequel ils travaillent*, ne doit point troubler entr'eux l'harmonie et l'union, parce que la base et la morale du culte sont toujours les mêmes, à l'exception cependant des modifications que peuvent y apporter l'usage des lieux et le régime différent des divers Peuples.

Jaloux de travailler sous le Rite ancien, dans lequel plusieurs de nos Membres étaient initiés, et d'ouvrir notre Temple à tous les Maçons réguliers qui se feraient connaître en la manière accoutumée, nous avons sollicité des Constitutions de nos voisins les Américains, qui nous les ont accordées, et nous ont envoyé trois Députés, *les FF.·. Pierre-Elisée Bedenc, Jacques Michot et Jean-Baptiste Debievre, munis de Constitutions définitives, de Livres de Règlemens, et de pouvoirs nécessaires pour nous installer et inaugurer notre Temple ;* nous avons l'avantage de vous en donner avis, et nous vous invitons, par les liens de l'amitié fraternelle, de recevoir et accueillir affectueusement dans votre Att.·. les FF.·. de notre Loge qui s'y présenteront munis d'un certificat scellé du même sceau apposé aux présentes, et revêtu de nos signatures respectives, vous promettant d'en user de même à l'égard des FF.·. de votre R.·. L.·. qui se présenteront dans la nôtre, auxquels nous promettons le même accueil dans toutes les Loges d'Amérique où nous les recommanderons.

Nous avons la faveur de vous envoyer ci-après, un exemplaire de la traduction en français, tant de nos

Constitutions que des pouvoirs des Installateurs, ainsi qu'un Tableau complet des Membres qui composent notre R.·. L.·.;

En conséquence, nous sollicitons l'avantage de la correspondance la plus fraternelle avec votre R.·. Att.·.

Nous avons la faveur D.·. V.·. S.·. P.·. T.·. L.·. N.·. M.·. A.·. N.·. C.·. et avec les H.·. Q.·. V.·. S.·. D.·.

Vos très-dévoués et fidelles FF.·.

Signé François-Ignace LESTRADE, vénérable.

Par Mandement de la R.·. L.·. N° 87,

Signé Lamotte, secrétaire.

A l'Or.·. du Cap-Français, le 28ème jour du second mois maç.·. 5801.

A la Gloire du grand Architecte de l'Univers.

A l'Or.·. du Cap-Français, île et côte Saint-Domingue, d'un lieu éclairé, où règnent la Paix, la Charité et l'Union.

Extrait du Registre des Délibérations de la R.·. L.·. N° 87, sous le titre distinctif des *Frères Réunis de l'ancienne Constitution d'York*, élevée à l'Or.·. du Cap-Français.

Séance du 28ème jour du second mois de l'ère maç.·. 5801.

Il a été arrêté :

1°. Que la traduction en français des Constitutions définitives, certifiée par le F.·. Pierre-Elisée Bedenc, vén.·. de l'Installation ;

2°. Que la traduction en français des pouvoirs envoyés aux Députés installateurs, certifiée par le F.·. Pierre-Elisée Bedenc, vén.·. de l'Installation ;

3°. Que le Tableau de tous les Membres qui composent la R.·. L.·. ;

4°. Et la planche circulaire qui est en tête ;

Seraient imprimés de suite pour être envoyés aux Loges de la correspondance.

CONSTITUTIONS de la Loge les FRÈRES RÉUNIS, N° 87, Orient du Cap-Français, île Saint-Domingue, délivrées le 16 Décembre 1800, par la Grande Loge de Pennsylvanie.

A tous ceux qui ces présentes verront, salut :

La grande Loge de la plus antique et respectable fraternité des Maçons libres et réguliers, selon les vieilles Constitutions remises en vigueur par son altesse royale le prince Edwin, à York, dans le royaume d'Angleterre, dans l'année de l'Ère Chrétienne neuf cent vingt-six, et de la Maçonnerie, quatre mille neuf cent vingt-six, régulièrement assemblée à Philadelphie, dans la république de Pennsylvanie ;

Considérant que la très-respectable grande Loge d'Angleterre, par une grande patente sous les signatures du très-honorable Thomas Erskine, comte de Kelly, vicomte de Fenton, lord baron de Pitten-Ween, etc. grand maître des Maçons dans la Grande-Bretagne ; du très-respectable William Osborne, député grand maître ; du très-respectable M. William Dickey, premier grand surveillant ;

du très-respectable James Gibson, écuyer, second grand surveillant ; et le sceau de ladite grande Loge ; ayant pour date le 20 Juin 1764, a nommé et institué le très-respectable William Ball, pour être grand maître ; le très-respectable capitaine Blaithwait Jones, pour être député grand maître ; le très-respectable M. David Hall, pour être premier grand surveillant, et le très-respectable M. Hugh Lenox, pour être second grand surveillant d'une grande Loge provinciale, séante à Philadelphie, dans la province de Pennsylvanie ; leur conférant à eux et à leurs successeurs en exercice, dûment élus et légalement installés, toutes fois avec le consentement des Membres de ladite grande Loge, pleins pouvoirs et autorisation pour accorder des Constitutions et des Dispenses à l'effet de tenir des Loges, de régler toutes les affaires relatives à la Maçonnerie, de faire tous actes et d'exécuter tous procédés qui sont du ressort des autres grandes Loges provinciales, ainsi qu'il résulte plus amplement des grandes Patentes ci-dessus mentionnées, auxquelles on peut avoir recours ;

Considérant que le très-respectable William Adcock, écuyer, grand maître ; le très-respectable M. Alexandre Rutherford, député grand maître ; le très-respectable Jonatham-Bayard Smith, écuyer, premier grand surveillant ; le très-respectable M. Joseph Dean, second grand surveillant, successeurs légaux des grands Officiers ci-dessus nommés, ainsi qu'il résulte des registres de la grande Loge ; ensemble et conjointement avec les Officiers et Représentans d'un nombre de Loges régulières sous leur juridiction, dûment nommés et spécialement autorisés, et aussi avec l'avis et le consentement de plusieurs autres Loges, par leurs lettres expresses à cet égard, ont unanimement résolu à l'une des quatre grandes séances annuelles, tenue à Philadelphie le 25ème jour de Septembre 1776, après mûre et sérieuse délibération, « qu'il » ne convenait plus que la grande Loge de Pennsylvanie » restât plus long-temps sous l'autorité d'aucune grande » Loge étrangère ; et qu'en conséquence ladite grande » Loge provinciale a fermé sans délai ses travaux » ;

Considérant que tous les grands Officiers de ladite grande Loge provinciale, ensemble avec les Officiers et Députés de plusieurs Loges de la république de Pennsylvanie, se sont réunis le même jour 25 Septembre 1776, dans le lieu des séances de la ci-devant grande Loge provinciale ; et là, en vertu des pouvoirs et des droits dont ils étaient revêtus, se sont formés en une grande convention de Maçons pour délibérer sur les moyens les plus convenables à employer, à l'effet de former une grande Loge entièrement indépendante de toute juridiction étrangère ;

Considérant que ladite grande convention a résolu, à cette même époque, à l'unanimité des suffrages, que les Loges sous la juridiction de la grande Loge de Pennsylvanie ci-dessus dite, qui tenait ci-devant en qualité de grande Loge provinciale sous l'autorité de la grande Loge d'Angleterre, se formait *en grande Loge*, *sous le titre de grande Loge de Pennsylvanie et de la juridiction maçonnique qui en relève, séante dans la ville de Philadelphie*, ainsi qu'on peut s'en convaincre par l'examen des travaux et des pièces restées dans les Archives de la susdite grande Loge ;

En conséquence, à tous ceux qui ces présentes verront, savoir faisons que nous, la grande Loge de Pennsylvanie et de la juridiction maçonnique qui en relève, en vertu des droits et des pouvoirs que nous tenons de la susdite convention, autorisons par ces présentes nos fidelles et bien-aimés FF.·. François-Ignace Lestrade, vén.·. ; Louis Huguenet, premier surveillant, et Thomas Caignon, second surveillant, à tenir au Cap-Français, dans l'île de St-Domingue, ou à la distance de cinq milles, une nouvelle Loge N° 87, sous le titre distinctif des *Frères Réunis ;*

Et de plus nous autorisons et donnons pouvoir à nosdits fidelles et bien-aimés frères François-Ignace Lestrade, Louis Huguenet et Thomas Caignon, à faire et recevoir des Maçons libres, selon les anciens et respectables usages de la Maçonnerie dans tous les âges et parmi toutes les Nations du monde connu, et sans y déroger ;

Et encore nous conférons auxdits François-Ignace Lestrade, Louis Huguenet et Thomas Caignon, ainsi qu'à leurs succssseurs, le droit et le pouvoir de régler et de déterminer toutes les affaires qui concernent la Maçonnerie dans l'étendue du ressort de la Loge N° 87, sous le titre distinctif des *Frères Réunis ;*

Et finalement, nous autorisons et conférons le pouvoir, par ces présentes, à nosdits fidelles et bien-aimés frères François-Ignace Lestrade, Louis Huguenet et Thomas Caignon, d'installer leurs successeurs (après qu'ils auront été préalablement élus) auxquels ils remettront ces Patentes de Constitutions, et qu'ils investiront de tous les pouvoirs et priviléges appartenant à leurs dignités. Ainsi et de la même manière les successeurs installeront au temps des réélections, les Officiers qui les remplaceront ; et ces réélections ne pourront avoir lieu qu'aux approches de la saint Jean d'hiver, pendant la durée de l'existence de ladite Loge.

Pourvu toutefois que les Frères ci-dessus nommés, payent à la très-R.·. G.·. L.·. et aux Règlemens émanés d'elle, le respect qui leur est dû ; sans quoi les présentes Patentes de Constitutions ne produiraient ni force ni effet.

Délivré en grande Loge tenante, sous les signatures de nos TT.·. RR.·., grands Officiers, et le sceau de notre grande Loge, à Philadelphie, le 15ème jour de Décembre 1800, et de la Maçonnerie 5800.

Signé en tête,

JONATHAM BAYARD SMITH, grand maître ;

ISRAEL ISRAEL, député grand maître.

A gauche.

Signé JAMES MILNOR, premier G.·. surv.·.

A droite.

P. LE BARBIER DUPLESSIS, 2ème.·. G.·. surv.·.

Au bas à droite.

Signé GAVIN HAMILTON, G.·. trésorier.

A gauche, certifié conforme,

Signé GEORGES A. BAKER, G.·. secrétaire.

Ladite Patente scellée d'un cachet maçonnique, portant pour devise : *Vertu, Amour et Silence*, et les mots de *grande Loge de Pennsylvanie.*

Je soussigné, chargé par la R.·. L.·. N° 87, de faire la traduction en français de la Patente de Constitutions, certifie la traduction ci-dessus conforme au texte original.

A l'Or.·. du Cap-Français, le 2ème jour du troisième mois de l'ère maçonnique 5801.

Signé PIERRE-ELISÉE BEDENC.

Au dos de la Patente originale, envoyée par le G.·. Or.·. de Pennsylvanie, sont écrits ces mots :

Enregistré sur le livre de délivrance de Constitutions, marqué A, folio 81, le 16 Décembre 1800, par Georges A. Baker, grand secrétaire.

On lit ensuite :

Nous Pierre-Elisée Bedenc, Jacques Michot et Jean-Baptiste Debievre, députés par la T.·. R.·. G.·. Loge de Pennsylvanie, pour ouvrir une Loge ancienne dans la ville du Cap-Français, sous le N° 87, certifions avoir observé et fait exécuter les divers points de notre mission, avec la ponctualité et l'ordre qui nous avaient été prescrits.

Certifions aussi avoir trouvé dans les FF.·. de cet Atelier, l'union, l'amitié fraternelle et le zèle nécessaires à la propagation de notre art.·.

Certifions en outre que la Cérémonie de l'Installation (le 26 Avril 1801) et de la prestation du Serment, s'est faite suivant les anciens usages de la Maçonnerie.

Après avoir établi dans leurs places respectives, le Vén.·. les Surv.·., les Officiers légalement élus, et ayant assisté aux travaux pendant plusieurs séances, pour nous assurer de leur régularité, nous avons fait la délivrance des présentes Constitutions, pour en jouir aux clauses et conditions y mentionnées.

En témoignage de quoi nous avons signé ci-dessous.

Nous certifions de plus que nous avons installé, à la place du F.·. Thomas Caignon, décédé, le F.·. Gallard, past-master, en qualité de 2ème.·. Surv.·.

A l'Or.·. du Cap-Français, le 26ème jour du second mois maç.·. 5801, répondant au 6 Floréal, an neuf.

Signé PIERRE-ELISÉE BEDENC.

Signé JACQUES MICHOT.

Signé JEAN-BAPTISTE DEBIEVRE.

Et plus à droite, on lit en anglais :

Constitutions de la Loge les *Frères Réunis*, N° 87, pour être ouverte et tenue au Cap-Français, île St-Domingue.

Pouvoirs délivrés par le G.·. Or.·. de Pennsylvanie aux FF.·. Députés installateurs.

Nous, Jonatham-Bayard Smith, écuyer, très-respectable grand maître des Maçons dans la république de Pennsylvanie, et dans l'étendue de son Ressort maçonnique,

Aux FF.·. Pierre-Elisée Bedenc, Jacques Michot et Jean-Baptiste Debievre, past-masters, salut :

Nous, etc. plaçant la plus grande confiance dans votre zèle, votre ferveur et votre attachement à la Maçonnerie, en vertu des pouvoirs dont nous sommes revêtus, vous autorisons et vous invitons même à vous faire assister d'un nombre suffisant de Maçons, bien connus et réguliers, du grade de Past-Masters, à l'effet d'ouvrir et constituer une Loge au Cap-Français, dans l'île de St-Domingue ;

Et là, d'y procéder à l'Installation de notre digne frère François-Ignace Lestrade et d'autres Officiers, le premier comme Vénérable, et les autres comme Officiers dignitaires d'une nouvelle Loge, sous le titre distinctif de la Loge les *Frères Réunis*, N° 87, selon les antiques et respectables usages de la Maçonnerie dans tous les âges et parmi toutes les Nations du monde connu, et sans y déroger; à la charge de nous rendre compte de vos travaux.

Ces pouvoirs ne valideront que pour trois mois, à partir de la date de la réception des présentes.

Donné sous notre signature et le sceau de notre grande Loge, dans la ville de Philadelphie, le 15ème jour de Décembre, l'an de la Lumière 5801.

Signé JONATHAN BAYARD SMITH.

Pour copie conforme,

Signé GEORGES A. BAKER, grand secrétaire.

Enregistré sur le Livre des Dispenses, folio 75, par Georges A. Baker, G.·. Sec.·.

Je, interprète nommé pour faire la traduction en français de la présente Patente, la certifie conforme au texte original.

A l'Or.·. du Cap-Français, le 2ème jour du troisième mois de l'ère maç.·. 5801.

Signé PIERRE-ELISÉE BEDENC.

Nous, secrétaire, après avoir lu et enregistré les présentes copies de la traduction en français des Patentes de Constitutions et de pouvoirs, et les articles qui se trouvent au dos des premières, certifions lesdites pièces conformes aux originaux déposés aux Archives, en foi de quoi nous avons signé le présent pour être envoyé aux Loges de la correspondance.

A l'Or.·. du Cap-Français, le 8ème jour du troisième mois 5801.

Par mandement de la R.·. L.·. N° 87,

Signé LAMOTTE, secrétaire.

Par mandement de la R.·. L.·. N° 87,

Timbré et scellé par nous, garde des sceau, timbre et archives,

Signé DOIZÉ.

TABLEAU

Des FF.·. qui composent la R.·. L.·. N° 87, sous le titre distinctif des FRÈRES REUNIS DE L'ANCIENNE CONSTITUTION D'YORK, régulièrement constituée à l'O.·. du Cap-Français, île Saint-Domingue, en Amérique, par la T.·. R.·. G.·. Loge de Pennsylvanie, le 26eme jour du 2eme mois Maç.·., l'an de la V.·. L.·. 5801, répondant au 6 Floréal, an neuvième.

DÉPUTÉS INSTALLATEURS.

Pierre-Élisée BEDENC.
Jacques MICHOT.
Jean-Baptiste DEBIEVRE.

François-Ignace Lestrade, négociant, né à Marseille, âgé de 46 ans, vénérable, fond.·., R.·. A.·.

Louis Huguenet, homme de loi, né à Chaumont, âgé de 43 ans, premier surveillant, fond.·., R.·. A.·.

Pierre Gallard, orfévre, né au Cap-Français, âgé de 35 ans, second surveillant, fond.·., R.·. A.·.

Louis Lamotte, commis de la marine de première classe, né à Limonade, âgé de 38 ans, secrétaire, fond.·., M.·.

Pierre Heraud, négociant, né à Saint-Pierre, île d'Oléron, âgé de 32 ans, trésorier, fond.·., M.·.

Joseph-Antoine Dardan, chef de bataillon, grand voyer, né à Bordeaux, âgé de 61 ans, expert, fond.·., M.·.

Pierre Yanda, planteur, né à Liége, âgé de 33 ans, maître des cérémonies, fond.·., M.·.

Pierre-Nicolas Labassée, homme de loi, né à Paris, âgé de 62 ans, orateur, fond.·., M.·.

Pierre Doizé, commissaire de marine, né à Nantes, âgé de 34 ans, garde des sceau et archives, fond.·., M.·.

Jacques Labat, tenant café, né à Lacq en Bearn, âgé de 32 ans, frère terrible, fond.·., M.·.

Étienne Rosier, capitaine dans la deuxième demi-brigade, né à Narbonne, âgé de 31 ans, garde du temple, fond.·., M.·.

François Carrere, marchand tailleur, né à Brignamont, âgé de 31 ans, économe, fond.·., M.·.

Jean-Baptiste-Remi Villadieu, officier de santé de première classe, né à Saint-Porquier, âgé de 51 ans, hospitalier, fond.·., M.·.

Pierre Guignan, voilier, né à Bordeaux, âgé de 33 ans, premier diacre, fond.·., M.·.

Pierre-Paul Dupont, habitant, né au Cap-Français, âgé de 46 ans, second diacre, fond.·., M.·.

Alexandre-Philippe Advenier, ingénieur des mines, né à Paris, âgé de 24 ans, adjoint au secrétaire, fond.·., M.·.

Jean-Baptiste Debievre, employé au bureau du payeur général, né au Cap-Français, âgé de 34 ans, fond.·., P.·. M.·.

Michel-Charles-François Prempain, chimiste et pharmacien en chef, né à Argenton, âgé de 55 ans, fond.·., M.·.

Jacques Guignon, négociant, né à la Tremblade, âgé de 47 ans, fond.·., M.·.

André Brunet, orfévre, né à Saint-Pierre Martinique, âgé de 40 ans, fond.·., M.·.

Jean-Pierre Ruffel, marchand tanneur, né à Castres, âgé de 46 ans, fond.·., Comp.·.

Pierre-Nicolas Prilliaux, directeur de l'hôpital de la Providence, né à la Rochelle, fond.·., App.·.

Jean-Pierre-Claude Sévelinge, commis principal de la marine, né au Limbé, enfant de la R.·. L.·. les Frères Réunis, N° 87, App.·.

MEMBRES HONORAIRES ABSENS.

Pierre le Barbier Duplessis, député auprès du G.·. O.·. de Pennsylvanie, R.·. A.·.

Mathieu Dupotet, V.·. de la R.·. L.·. N° 47, R.·. A.·.

Germain Hacquet, P.·. S.·. de la R.·. L.·. N° 47, R.·. A.·.

Pierre-Élisée Bedenc, vénérable de l'installation de la L.·. N° 87, R.·. A.·.

Jacques Michot, P.·. S.·. de l'installation de la L.·. N° 87, R.·. A.·.

Frère Servant.

Achille Daubanton, né au Cap-Français, âgé de 40 ans, App.·.

Adresse de la R.·. L.·. N° 87.

Au citoyen Lestrade, négociant au Cap-Français.

En son absence, au citoyen Lamotte, employé de la marine, au Cap-Français.

[Croisez l'adresse.]

Travaux d'Obligation.

La R.·. L.·. N° 87 s'assemble tous les 11 et 21 de chaque mois, en son local ordinaire, rues du Chat et Philantrope.

Vu par nous vénérable,

Signé François-Ignace LESTRADE.

Par mandement de la R.·. L.·. N° 87,

Signé LAMOTTE, secrétaire.

Scellé et timbré par nous, garde des sceau, timbré et archives,

Signé DOIZÉ.

www.ingramcontent.com/pod-product-compliance
Lightning Source LLC
LaVergne TN
LVHW052039160826
845678LV00003B/1431
* 9 7 8 2 3 2 9 6 3 9 5 4 3 *